바람의 둘레

리토피아포에지 · 151
바람의 둘레
인쇄 2023. 10. 11 발행 2023. 10. 16
지은이 진채란 펴낸이 정기옥
펴낸곳 리토피아
출판등록 2006. 6. 15. 제2006-12호
주소 21315 인천광역시 부평구 평천로255번길 13, 부평테크노파크M2 903호
전화 032-883-5356 전송032-891-5356
홈페이지 www.litopia21.com 전자우편 litopia999@naver.com

ISBN-978-89-6412-188-7 03810

값 12,000원

* 이 책은 2023년도 전라북도 문화관광재단 지역문화예술육성지원사업의 지원을 받았습니다.

진채란 시집

바람의 둘레

LITERATURE & UTOPIA

시인의 말

시인이 되면
나를 감싸고 있는 사물들이 새롭게 보이고,
존재에 대해 깊이 생각할 수 있고,
아르고스 100개의 눈은 아니더라도
서너 개쯤 보는 눈이 생길 줄 알았다.
내게는 모든 게 늘 더디게 왔다.
고대하던 첫 시집을 묶는 심정이
이렇게 무거울 줄이야.
부끄럽다.

2023년 여름
진 채 란

차례

제2부 흙 묻은 손을 털며

제3부 이별의 이해

제4부 그랬었지요

| 제1부 |

아득한 오월

모르는 사람이다

철쭉이 온 천지다

동면에서 깨어나
똬리를 튼 뱀들이 거기 있다
오랜 시간 널 찾기 위해
엉킨 매듭 풀려 했지만
너는 아무것도 내놓지 않았다

붉은 유혹처럼 피어있는 것이
바래고 향기도 없는 것이
날 쓰러뜨린다
다시 더듬거리며 실마리를 찾지만
무수한 이야기들 길을 막고
지난 시간들 벌겋게 눈을 감긴다

아아, 모르는 사람이다

감꽃

감나무 그림자처럼
등이 굽어 있다

다섯 살에 땡감으로 가버리고
일곱 살에 벌레 먹어 떨어지고
가슴속 응어리 피고 진다

뒤란 그늘 아래 빠꿈사리하던
아이들을 줍는다
사금파리처럼 감꽃
시퍼렇게 반짝인다

세월 가고 없어도
감꽃 주워 실에 꿸 자식 없어도
별인 듯 감꽃 피고진다

땡감 먹은 듯,

등 굽은 오목가슴이
평생 갑갑했다

익숙한 바람 앞에서

그곳에서 잠시 만난 바람에
한참이나 흔들렸고 인연이면 했지
저잣거리 기웃거려
날 헤매게 했던 홍어탕 집
어눌한 냄새 휘돌고
철공소 직원이 망치로 두들기듯 가슴이 울리고 아파
내가 버릴 수 있는 것이라곤 혓바늘 돋은 기억뿐,
자꾸만 헛기침이 돌았지

좋아하는 공연을 보여 준다고 데려갔었지
주뼛주뼛하는 내 손 꼭 잡으며 놓치면 찾기 어렵다 했지
공연에 취해 열기에 젖어 어리벙벙 먼눈을 팔고 있었지
넌 바삐 젖은 창문에 새나가는 열기처럼 미끄러져 가는데
난 박수치며 소리 지르느라
헤매었지 차게 울었고 그 눈물에 서러웠지

가자 채송화처럼 우리가 웃었던 그곳으로

그것은 네 탓 아니니까
참으로 오랫동안 혼란스럽게 마음 다 젖었지
세월의 가파름은 이해할 수 없는 일들을 사라지게 했고
천금 기억을 남겨두었지

인연이면 했었지

그림자를 지우다

맺힌 마음 위에 바람 분다
어둠 속으로 분해되는 바람
냉기만이 살갗에 닿아
내 마음을 흔든다
네 생각이 깨어날까 봐
살그니 걷는다
갈 데 없는 꽉 찬 너는
바싹 움츠러진 가슴팍에 묻혀
허탈한 어깻짓으로 떨려온다
네 생각에 가슴을 베인다
성한 곳 없이
생채기만 안고 아파한다
너는 게으름도 없어
고행 같은 시간 체머리 흔들게 하는데
차가운 네 그림자 때문에
슬프게 웃었다

콩나물국밥

주저하는 나를 밀어붙였다 빨리 주문해! 하나뿐인 메뉴를 고르라 했다 탕 탕 마늘 으깨는 소리 무서웠다 곁눈질하는 기미 낀 주인아줌마의 눈길 피할 수 없었다 큰 죄라도 지은 듯 수란 못 먹어요 완숙으로요, 나는 목구멍으로 기어들어 갔다 시원할 거야, 제 입맛을 내뱉는 그의 머리 위로 낡은 선풍기가 빙글빙글 돌았다 묻지도 않고 내 국밥 그릇에 다진 청양고추 한 숟갈, 맵고 뜨거웠다

여러 번 피고 지는 동안 비겁하게 낡았다 혼자 들른 국밥집에 헐겁게 앉았다 북적이며 호통치던 시절도 그도 이미 어디론가 흘러가 버렸다 오후 세 시 침침한 골목이 무료했다 뜨겁고 맵기만 하던 국물이 시원하고 얼큰했다 땀이라 우기고 싶은 눈물이 왈칵, 솟았다

안부

잘 지내나요?
좋아하던 커피 마시게요
젖은 소나기 냄새를 뒤적인다

남도 어디에서 올라온
손등이 도톰하고 뽀얗던
주먹만 한 얼굴 동그랗게 해맑던
우산 없이 비를 맞으며
서럽지는 않게 하늘만 올려보던

울었어요
내 눈이 조금 부었어요
흐드러진 봄꽃 속에
후드득 떠났던 그녀
내리는 비 핑계 삼아 한나절
낡은 사진첩을 꺼내 본다

세월을 들추고 내 마음을 들추고
해맑은 그녀가 걸어온다
소나기 그치고

은목서꽃 피었다

바람 불어와
너 찾아가는 길 그만두었다
은목서 꽃향기 스며 대문 닫아걸었다

미래를 생각했다
마당에 향기 환해, 잠깐이나마
입꼬리 올리는데
울음이 안에 있음을 말했다

밤늦도록 혼자 옛이야기 했다
누가 속고 누가 속였는지,
두 발로 버팅기던 세월이
수그린 어깨에 체념인 듯
내려앉는다

과거에서 미래로 옮겨지는 것이라는데
아직도 네 마음 보이지 않는다

그날 피었던 은목서꽃
오늘 다시 피었다

서학동

경사진 언덕바지
햇볕 좋은 골목이 있었다

그 언덕 왼쪽 자락에 핀
보라 제비꽃을 좋아하던 옛 소녀
누굴 찾는 걸까,
골목 어귀를 서성인다

그날 불었던 서풍이
소녀의 볼을 물들였을 석양이
뭇별 쏟아지던 밤이
어디론가 가고 없다

이미 시들어버린 제비꽃,
서성거리던 소녀 말없이 돌아선다
골목을 빠져나간 것들은 다시
돌아오지 않는다

아득한 오월

오월이었던가,

플리츠 원피스 입고 손가락으로 머리카락을 돌돌 말다 풀다, 심장 떨어지는 소리 들었다 마구 나뭇가지가 흔들리고 꼭꼭 여민 마음이 들춰졌다
잊을 수 있겠다 장담하며, 울음 새어 나오지 못하게 가슴에 돌멩이 하나 눌렀다 골목을 따라 떠나가던 바람

그을음 스민 가슴이 저려왔다 자꾸 덧칠하는 어둠, 무시로 바스러지는 꿈을 발목에 동여매며 느티나무처럼 더디게 늙어가겠다 마음먹었다
아우슈비츠가스실로 보내는 날 두 배의 죽이 배급됐다는데……
다음 날이면 아무 일도 없었다는 듯 태양은 다시 떠올랐다

떠난 바람에 펄럭이는 원피스는 진초록 이파리들의 헐렁한 노래였다 아득한 오월, 모빌처럼 걸어두고 싶은

도솔암

첫눈 오면 만나자는 약속 생각나 도솔암에 갔다 너와 나, 여기와 거기가 암만 가깝다 해도 첫눈 오는 것 같을 수 없어 한동안 만나지 못했다 흰 눈 위에 발자국 찍으며 오겠다던 너 대신 푹푹 발이 빠져 옴짝달싹 못 하는 석탑에 돌멩이 하나 얹었다 마주 걸었던 새끼손가락 펴보며 옛일을 다독였다 나를 타이르며 안 오는, 못 오는 너를 감쌌다 수 없이 내뱉던 가시 돋친 말에 찔린 심장이 아렸다 붉어지는 눈에 눈물 고였다 몰아치는 눈보라에도 한 층 더 올린 석탑은 꿈쩍 않았다

백합 피넌 여름

한바탕 소나기 쏟아지고
투명한 하늘이 안긴다

가슴에 안긴 하늘이 금세 달아난다

그날 포플러 아래
알폰소 도데의 별을 보물처럼 끼고 섰던 소년
귓불까지 빨개지며 달아났다

뭉게구름 내려와 백합꽃으로 피어오르던 시절
어디선가 갑자기 다듬이질 소리 났다

소년은 어디로 갔나,
소녀는 어디로 갔나,

소나기 그치고 다시 또 땡볕

소낙눈

또 하루 그대가 지워지고 있다
오래된 습관처럼
풀이 죽어 있던 하늘이 후드득 소리도 없이
눈발을 뿌린다
저 혼자 돌고 있는 LP 음반처럼
지지직거리며 훌쩍거린다
파랗게 내려가는 수은주

눈보라에 자꾸만 뭉쳐지는 마음 쓸어내리며
덧나고 있다
내가 살아있음일까, 그저 그립다
유리창처럼 투명한 내 마음이 다 보이는데
시험 감독관처럼 하늘은
왜 질질 짜느냐 버럭 화를 내고 있다
푹푹 소낙눈

봄밤

어둡고 좁은 방
흰 벽에 부딪혀 마음 저려온다
쫓기는 초식동물처럼 깊이 잠들 수 없다
쏟은 물처럼 울먹인다

환한 봄꽃,
그 무엇 뒤에도 숨을 수 없는 나를
밖으로 밖으로 밀어낸다

덕진구청 앞 벚꽃도
아무렇지도 않게 후두두 날리고 있을 것이다
꾸깃꾸깃한 시간을 접어 흰 벽에 건다

콕콕 나를 쪼아대는 봄밤

| 제2부 |

흙 묻은 손을 털며

오래된

습관처럼 인쇄 버튼을 누르니 와르르 빨려들어 버렸다 한 장해야 할 인쇄, 몽땅 다 집어삼켜 버렸다 겨우 달래 후후 불며 떼어 놓았다 가끔 한숨을 내쉰 적 있었지만 달래고 어르면 그뿐, 말짱했다 그런데 예고도 없이 이렇게 갑자기 불편한 속내를 보이다니, 난감하다

새 옷 입고 말갛게 우리 처음 만나던 날, 향기로웠다 구름 한 점 없이 하늘은 청명했다 이제 오래돼 주저앉은 나, 너를 감당하기엔 하마 녹슬었다 너를 뽑아낼 수가 없다

분갈이

식전 댓바람에
분갈이해 주러 그녀가 왔다

시들 거리는 화분 때문인 것 같다고 했다
자주 아픈 이유가,

시든 잎 죽은 가지 대신
햇볕과 부엽토를 채워준다
촉촉이 물을 준다
초록 잎들 대꾸하듯 금세 흔들린다

대야에 물 가득 부어
흙을 쓸어 낸다
막막하고 갑갑했던 생각들 밀려가고
가망 없던 미련도 수챗구멍으로 쓸려간다
말갛게 얼굴 드러내는 베란다

〉

쓱 쓱, 고인 내 마음속도 쓸어 내는 그녀
긴 속눈썹에 묻은 재스민 향기
곱다

줄을 서서

추석 이틀 앞
은행 창구는 통통 부은 얼굴처럼
터질 듯했다

여름은 태양 아래 증발한 물기 같아
길게 하품하는 날이 길었다
늦은 폭염에 세상이 녹아내린 간밤 꿈속
속옷 차림으로 배회한 것 같은데 도무지
기억이 없다

현관 비밀번호가 가물거린다
고향 집 사루비아는 아직도 피어있을까,
번호표는 너무 멀고
물기 없는 눈은 절망한다

내일은 비가 올 것이다
개미가 줄지어 이사 가고 있는 걸 보았다

번호표는 여전히 멀고
어찌 가나 고향

현서야~~^^

검은 눈망울 속엔 파란 하늘이 있고
햇빛 냄새 고슬고슬
눈부신 얼굴에 티 없는 웃음 희다
맑고 맑아 꽃잎 막무가내로 쏟아진다

보기만 해도 그냥 웃음이 나고
이유도 없이 행복한
글쎄 너는 어디 있다가 이제야 왔니,

세상 푸르름 온통 네 품에 안겨 주고 싶다

으스러져라 안아 주고 싶다

달그림사

느티나무 아래
달그림자가 아내처럼 웅크리고 있다
구겨진 어둠이
몸을 기대고 있다

꼭 돌아올 거라던
빚더미를 이고 달아 난 아내의 흔적,
찬바람에 주눅 든 사내 이마에
밭고랑으로 파여 있다

집 나갈 사람 헛약속한다는데
수천 날들의 기다림을
허공에 놓는다

피르르 뒤엉킨 목소리가 스며들어
느티나무가 바람 분다 차디찬 허공에
지는 달그림자

속물

새벽 기차 타고 미국대사관

줄의 끝
돌아 돌아 아스라하다
그로벌시대에 사는 방법이라고 변명을 위한 변명을 하며
누구에겐가 강요당한 듯한 오래된 표정으로
모두 눈만 껌벅이며 앙버티고 있다

다리가 아프다고 허리가 무너진다고 투덜대면서도
세상 살아가는 방법 충전 받을 거야,
또 하나 변명을 생각한다

갑자기 중년 여가수가 뇌경색으로 쓰러졌단다
내일을 모르는데, 하며 또 하나 핑계가 늘고

그래 오케이! 변명도 많고 핑계도 많다
피곤이 떠가는 구름처럼 휴식이 된다

나는 어쩔 수 없는
속물 인간

흙 묻은 손을 털며

뒷걸음치는 햇살
헛기침하며 바람과 마주 앉는다

강아지풀 바랭이 동방사니 비름
온종일 뽑고 뽑았다
끊어질 듯 허리가 아파
쉬다 뽑다 뽑다 쉬다 자주 하늘을 올려 봤다
뽑힌 풀이 우북하다
뽑힌 자리, 며칠 지나지 않아 또
나를 뒤덮을 것이다

굳은 허리를 일으키며
흙 묻은 손 탁탁 털며 안다
무겁게 흔들리는 시간,
아픔이 쌓이기만 하지 않을 거라는 것

저물녘

세상이 환해진다 뽑힌 풀잎 냄새가 향기롭다
상처에서 향내 난다

장마

바람도 없이 끈적거렸다
선풍기처럼 둘레둘레
윗집 아랫집 이웃은 안녕하신가?

죽여, 쥑이라고! 우당 탕탕
그려 넌 인간도 아녀!
나 하나 죽어버리면 되지!

바락바락 대들다 정말
베란다 창문을 열까 두려웠다
13층, 머리통 깨질 텐데
골로 갈 텐데 무서웠다

여우볕 난 사나흘 후
빨래를 널다가 베란다에서
눈을 씻고 본다
〉

아이 둘 앞세우고
팔짱 끼고 나란한 위층 젊은 부부
아암, 장마철에도 하루 이틀
하늘 뻔한 날 있는 법

호박전 냄새 새나갈세라 서둘러
베란다 문 닫는다

폭설

간밤 눈 퍼부었습니다

그대 발자국 지우며
자가웃 쌓였습니다

성에 낀 창문에 흘러내리는 얼굴

눈발 더 거세라고
사나흘 더 눈은 내리라고
혼잣말해 봅니다

오오, 새드 무비

그대 발자국 지우며 그대 얼굴 지우며
폭폭 눈 쌓였습니다

우수雨水

사내가 어둠을 밟고 간다 으슬으슬한 골목, 불 꺼진 가로등 아래 사진을 들여다 본다 사진 속 여자는 꽃그늘 아래 환하다 여전히 길을 잃었다는 안부일까, 한마디 말없이 그저 웃기만 하는 얼굴에 목이 멘다 고문 같은 희망일까, 숨통 막힌 남자가 옆구리를 더듬는다 시려오는 통증 녹지 않는다

눈 좀 붙여야지, 한숨 자고 나면 괜찮아질 거야 다독여 이불 덮어주듯 내일도 웃고 있을 여자, 하늘과 가까운 옥탑방, 사내의 혼잣말과 한숨 사이 빗물 떨어지는 소리가 났다

그녀

늘그막에 바람이라도 났나?
여러 달 소식 없었다
단풍은 날마다 소슬바람을 불어 대고

"폐 속의 점 하나 떼어"

소슬한 것이
우수수 애기단풍 탓 아니었던가,
뜨거워지는 목구멍
고여 있던 눈물이 울컥 치민다

쉬 늙어버리길 소망했던,
가끔 바람이 일고 비가 내려도 고독이니
슬픔이니, 발끝으로 꾸욱 꾹 밟아 누르며
핑계 대지 않던 그녀

물든 단풍인 듯 돌아와

웃음 감추지 않는다
입안 가득 머금고 있던 콧노래 쏟아낸다
삶의 마디 하나 더 여민다

무릎

무릎을 내려놓는다
후벼 파듯 통증이 파고든다
앙다문 입,
비명도 터져 나오지 못한다

겨우 달래 주저앉히는데
다시 또 일으켜 세우는 자리끼 독촉
없는 잘못이라도 비는 듯 무릎은
온종일 엎드렸다

보호대 두른 무릎이
지난여름 태풍에 쓰러져 잘려나간
동구 밖 둥구나무 둥치처럼
움츠려있다
망가진 제 처지를 더듬으며 엉금엉금
어둠을 뒤적거린다

회개하듯 저를 꿇려
밤늦은 하루를 내려놓는다

반지와 할머니

물리치료실 순서를 기다립니다
시든 꽃대처럼 접힌 할머니
허리를 부여잡고 기둥에 기대 겨우 허리를 폅니다

파스 붙이셨네,
사나흘 됐으려나, 냄새도 안 나네
젊은 물리치료사가
떼는 느낌도 없지요, 쏘아붙입니다
이제 겨우 사흘째야,
아무 효능 없다고 설명해도
할머닌 무슨 소리! 붙여본 내가 더 잘 알지!
궁상맞은 표정입니다

대꾸하듯 쭈글쭈글한 손을 이마를 짚습니다
아 금반지가, 반짝

몸살

온종일 입 봉하고 있던 햇살 저물고
신시가지 비보이 광장

술집 앞에 사람들이 모여 있다 코로나 판국에 이렇게 모여도 되나, "난 늘 술이야 맨 날 술이야 널 잃고 내가 힘들 줄이야" 바이브다 내가 애정하는 윤민수, 사람들 틈새 까치발로는 어림없었다 무릎에서 찌이익 노가리 찢는 소리 났다 떠난 남자를 보듯 윤민수를 보는데, "난 늘 술이야 맨 날 술이야 널 잃고 내가 힘들 줄이야" 몸속의 피는 이미 식은 지 오래였다 사나흘 불덩이처럼 뜨거웠다

| 제3부 |

이별의 이해

왼쪽 손가락 끝 낡은 파도
—근전도검사

꺼끌한 기운이 덮쳤다

자꾸 손가락을 다치는 겨울, 처음부터 슬픔의 기운을 떨치려고 소맷귀 내리곤 했더랬다 힘이 빠져 놓치고 또 놓치고, 여윈 내 손을 잡고 내 중심에 있는 너를 놓아주는 핑계였다

손가락은 쉼 없이 절망처럼 달라붙는 흔적을 떼어낸다 작은 손가락 한편에선 거망빛 핏줄을 아프게 움켜쥐고 있다

죽은 듯 죽을 듯 침대에 누웠는데 살아온 나날만큼 막막한 불안이 날 밟는다 윤기 없는 시간이 오늘을 채집하고 기록한다 툭툭 차며 튕겨 나갈 것 같은 웅얼거림이 체념으로 간다

물방울 같은 눈물을 아직은 살아있는 손가락으로 뭉갠다

서향나무 몸짓에 눈물이

아버지와 병원 갈 채비를 하면서도
자전거 뒤에 올라타면서도
허리춤을 잡으면서도
꽉 움켜잡으라는 성화에도
밥은 꼭 챙겨 먹어야 해,
천천히 먹으렴, 하시던 엄마

바람 불어 흩어진 생각들 모두
한곳으로 모이던 오후
사방으로 엉켜 또 다른 몸짓으로 울고 있어
아무것도 할 수 없는 나는
소나기 밥을 먹었다

배는 아프지 않고 고프지 않고 그러다
갑자기 밤이 와 말 안 듣는 눈물 때문에
잔기침했던 아주 오래전
지금도 눈물 나게 하는 그 시절

버짐 핀 얼굴로 서향나무
천리향이 피어있다 날 위한 몸짓으로
목쉰 그 시절처럼

정류장 의자 위의 꽃

꽃이 버려졌다는 생각,
꽃잎처럼 내가 바르르 떨고 있고
겹겹이 그리움에 묶여 있다는 것이다

너를 떠나오면서 생각은 맥없이 밀리고
차창 밖 기억의 그림자는
가슴에서 멀어졌었다

하늘을 쳐다보는 게 아니었다 그날
꽃은 두고 오는 게 아니었다

네가 부르는 것 같아 돌아보면
아무 일 아닌 듯 바람이 먼지를 털며
그림자를 몰아내고 있었다

모르는 시간 앞에 제 속 다 보일 저 꽃
휑한 모습으로 의자 밑 언저리에서

얼룩이 되겠다

먼 옛날 그 꽃처럼

커피

–김춘수 「꽃」 패러디

내가 그를 에스프레소 머신에 넣기 전에는
그는 다만
하나의 커피콩에 지나지 않았다
내가 그를 에스프레소 머신에 넣었을 때
그는 나에게로 와서
가을 향기 되었다
내가 그를 에스프레소 머신에 넣어준 것처럼
누가 와서 나의 메마른 정서에
낙엽 향기 넣어다오
그에게로 가서 나도
그의 향기가 되고 싶다
우리들은 모두
따뜻한 향기가 되고 싶다
가슴이 먹먹하고
그리움이 간절할 때
가슴 적셔주는
에스프레소 머신 되고 싶다

시간이 지운 것

만화책에나 나오는 듯한 야리야리한 소녀였다

5교시 후 청소시간, 비로 쓸고 가로로 줄 맞춰 양초를 칠하고 윤을 냈다 갑자기 선생님이 친구를 불렀다 걸레로 가지고 온 수건에 쓰인 글씨를 읽어보라 했다 '반출시 도둑' '화신목욕탕' 화분의 선인장 가시를 움켜쥔 듯 수건을 움켜쥐고 펑펑, 친구는 엎드려 윤을 냈다 위로하며 비꼬는 내 말을 수건으로 박박 지웠다 엄마가 자주 가는 목욕탕에서 얻어온 너덜너덜해진 수건이었다

어느새 나도 친구도 그때의 선생님만큼 나이를 먹었다 선인장 가시 움켜쥐고 도둑처럼 숨죽였을 시간, 남겨진 가시를 묻자 미소 짓는다 아파트 베란다에 비화옥 선인장 붉게 피었단다

아버지

온종일 젖었습니다

다 해져 말라가고 있었습니다
내 아버지가 누워 계셨습니다
아 참담함,
시원한 맥주나 벌컥거리고 싶다고
우울한 생각에 어질 헤맸습니다

벗고 싶어도 어쩔 수 없이 입어야 했을
무슨 설움에 그리 야위었을까요
다시는 볼 수 없다 했습니다

평생 눈물 한 방울 흘려본 적
없다는 듯이
남은 눈물도 없게 사납게 울었습니다

유난 떨지 말라고

식어가는 손이 내 손을 가만
쥐고 있었습니다

바람의 둘레

애기동백꽃이 꽃방석 같아요,

달뜬 표정 짓는 식탁
어머니는 "안 된다" 단호했지요
다리가 꼬인 채 밥상 앞에서
파랗게 질린 젓가락
오래오래 쥐고만 있었습니다

"낮꽃이 낫낫해야 박복하지 않다"
그 거스를 수 없는 시간들,
그 아득한 소리 혀끝에서 맴돌아
웅크린 마음자리 오래도록
지그시 깨뭅니다

이 세상에 내 편 하나 없다,
터무니없는 위로를 잡고
떼쓸 기회를 버려야만 했습니다

오래도록 기진맥진한 채

어머니, 바람도 없는 오늘
그날처럼 애기동백꽃이 자꾸 내려앉습니다
세월의 언저리에 아직
바람 고여 있습니다

당신

제가 보이긴 하세요
하늘 그 어디쯤에서
맘 아파하실 당신

암만 퍽퍽해도 우리 보는 낙으로
사신다고 했잖아요
챙겨야 할 우리가 있어서
행복하다 하셨잖아요

당신 보고파
잠 못 이루고 마음 아프고 눈물 흐르는데

먼 곳 그 어디쯤에서
그리움에 멍든 제가 보이시나요

너를 기다리며

얼마나 더 기다려야 하나,
벌써 세 시간째
오지 않을 너를 기다린다

아직 들켜버리지 않은
혼자 남은 생각들,
오거리다방 창문 밖 떨어지는 빗소리
후두두 욱신거린다

끝내 오지 않을 너와
다시 오기를 바라는 마음이
찻잔 속 식은 커피처럼 고여 있다

이 길일까, 저 길일까, 기다릴 확률은 백
식어버린 커피는 쓰다

11월의 처방전

지친 고요에 한 번에 내뱉지 못한 숨이 겹겹 쌓인다 주먹을 내지른 듯 마른 잎 들은 왜 그토록 차갑게 울며 뒹굴었는지 그 가을엔 달랑 눕는 일이 전부였는데 왜 바빴는지 왜 정신없이 헤맸는지, 아무리 토해내도 닳지 않은 생각들은 버석해진 소금버캐 되어 쌓인다 힘이 세다

아프니까 좋다 꺽꺽대는 울음소리에 목젖이 달라붙어 부를 수도 없고 두 눈 짓물러져 문자와도 볼 수 없다 접질려진 내 발목 옴짝 묶어 벨 소리 공허로만 남을 것이다 아, 아프니까 바쁘지 않아도 된다 모든 생각 헝클지 않아 좋다 헐거워진 침묵 하얀 캡슐 속에 녹는다 잘 지냈냐는 안부에 우두커니 한숨이 쌓인다

11월

나부끼다가 쓰러지는 마른 잎
휘청이다 떠나가는 마른 구름

자드락 숲길, 가랑잎 같은 손 잡으면
와삭
내가 들고 온 들국화 위에 차디찬
속울음 머문다

민들레

이 길일까 저 길일까
머릿속 노란 민들레

날이 갈수록 길은 자꾸 가팔라지고
마음 어수선하다
온종일 입에 침이 마른다

천 리일까 만 리일까
아무리 치켜떠도 눈앞 캄캄하다
정녕 지도 밖 길은 없는 걸까,
애가 탄다

황사 바람 속 세상은 오리무중
어떻게든 살아남아야 한다
어디서든 뿌리 내려야 한다
체념하듯 날아오른 홀씨 떠간다
〉

가도 가도 낭떠러지, 발아래 세상이
어지럽다

이별의 이해

그랬구나
어쩜 너와 나
목신 판 때문에
헤어졌는지 모르겠다

갈대숲 흔드는 바람
그 서걱거림으로 널 부른다
피리 소리 애잔하지만
넌 아프게 흔들리고
넌 울고 있지만
꺾이지 않을 것을

만남에서 이별까지
신의 위대한 뜻이었으니
금빛 찬란함으로 우리
견딜 것을 믿는다

그대 떠나도

바람이 불고
안개가 스러지고
꽃이 피어나고
아카시아 까르르
향기 날린다

그대 떠나거나 말거나

| 제4부 |

그랬었지요

이팝나무 비에 젖나

난 알고 있었습니다
당신 생각이 어디쯤 가 있는지

또다시
봄이 깊어 이팝나무에 비가 내렸습니다
휘잉, 어지럼증 돌아
가슴 저리고 아팠습니다
정말 멋지게 이별하고 싶었는데
난 눈물만 흘렸습니다

촛농처럼 꽃잎 흐르고 그을음 스며들어
오월 이팝나무가 젖고 있었습니다

핑계 삼아

나른함을 앞세우고 그녀가
북유럽 다녀오겠다며
대문짝만하게 알려 왔다 접시꽃 평안한 지금
고물고물 밀려오던 것이 내 눈언저리를
스치며 머뭇거리다 말갛게 젖었다
어색한 웃음을 가지런히 담아 머신기에 붓는다
그녀와 같이 나누려 아껴두었던 케냐AA를 마셨다
청소를 하고 머쓱하게 구겨져 있는 빨래를 했다
질겅질겅 껌을 씹다 혀를 깨물고
속은 메스꺼웠다

얼마나 다행인지
내가 어른이라서
키 큰 칸나처럼 웃을 수 있다
단물이 고인 참외 으슥한 곳에 숨겨진
작고 어리둥절한 벌레 얘기는 안 할 수도 있다
〉

힘주어 쥔 전화기에다 이마 방아 찧고
치통을 앓았다
눈썹까지 이불을 끌어당겨 아이같이
잠을 잤다
습기 찬 시간이었다

예감

사랑이 오려나 보다
가슴 발갛게 더워 온다
꽃이 피려나 보다
꽃샘바람 시새워 부는 걸 보면

이별이 오려나 보다
가슴 서늘히 젖어 드는 것을 보면
여름이 오려나 보다
등줄기에 땀이 스멀스멀 베어든다

코스모스 피려나 보다
하늘 높아만 간다
투명한 햇살
유리알처럼 박힌다

싸락눈 치려나 보다
하늘이 잿빛이다

차창 밖 풍광 멀미 난다
또다시 뒤척이며

아프겠다

서운암에 비 내려

골담초 날개 젖어
서성거리고
할미꽃 들뜬 마음 비에 젖어
서운암은 차디차다

주르르 넘어졌다
내려오는 언덕도
철쭉의 어지러운 몽상도
가는 유리 막대처럼 위태로운 모습도 아닌데

나 대신 아파하며
보리 대궁같이 탱탱이 서서
내가 떠날 때까지
싸늘한 등줄기를
지켜봐 주는 황매화

찢어진 우산 아래

연거푸 물방울 떨어져
손등 위로 구르고
발가락 적시며 황톳길 솜처럼 젖어 들겠다
붉은 팬지꽃 피어날 때도 그랬다

나는 안다
비를 선택하지 않았다는 것

등불 밝히며 기다리는 금낭화
봄비에 넋을 잃었다

아, 능소화

기다림에 지친 능소화 장맛비에 짓물러져
애원하며 매달리듯 피어있다

아무도 밀어내지 않은 시간은 끝을 향해 달음질한다
비가 오면 두둑 어딘가 뜯겨 속살까지 뜯겨
온몸 소름 돋는다

시간 흐르고
아직 까지는 나 살아있어,
오랜 속박이 너의 발목을 잡고 너는 쓴맛을 남겼지
겁쟁이와 미적거리는 사이에

가시를 품고 있다면
착하지 않아도 돼

좋은 날

저녁 해가 지는 자만 벽화마을
돌담 벼락에 걸어둔
그대 마음을 보았습니다

"사랑하는 이여 우리 꽃길만 걷자"

멀리서 바람 불어와
온 마을에 분꽃 향기만
가득했습니다

사치

우유니 사막 가자
가자 보채는 여름
13층 꼬마 지우 같다
삶의 바닥은 늘 염전이다 그만
투덜대고 떠나자
속세를 벗어나듯 구름 위를 날아
가고 싶은데

머쓱하게 구겨져 있는 흰 와이셔츠 손세탁해야 하고
옮겨 심은 제라늄 불편하지 않는지 살펴야 한다
신음소리 책상 서랍 아래 숨기며 취업 준비하는 딸 위해
무릎 기도 잊으면 안 돼,
워런 버핏이 애플주식 사고 월마트 팔았다니
곳간에 발효 중인 내 주식도 꺼내야 한다
바람은 자꾸 불어 치자꽃 가지 흔드는데 외면할 수도 없고

우유니 사막 가자,

녹음 테프를 재생하듯 또박또박 말한다
오랫동안 눈알이 따끔거린다

노스텔지아

차가운 바람이 붑니다

모든 세상 덧없음을
내던지듯이 이해하듯이
가슴 울립니다
목소리 낮게 드리우며
깊은 상처 자국
어루만져 감싸 안을 때마다
아픔 울렁거립니다

헤매던 언덕길
벌개미취 흔들리고
빛바랜 나뭇잎 사이로
흐르는 내음 좋기도 했습니다

그 선한 바람의 진실
왜 몰랐을까요

데이지꽃 피어있는 집

꼬마가 움직일 때마다 좁은 복도에 향기 재잘재잘, 샤스타데이지 꽃 한 아름 안고 사방팔방 펄럭인다 언덕에 집 짓고 있다고 자랑했다

엄마가 요즘 잘 울어요, 묻지도 않은 말을 했다 저도 따라 울어요, 휴대폰을 보여 주었다 샤스타데이지 꽃 가득한 마당에 빨간 글씨 '유치원 행사 중', 꼬마는 꽃보다 밝게 떠 있었다

하쿠나마타타

그랬었지요

장맛비 잠깐 개인 촉촉한 날에 죽겠다고
백합 향기에 취해
내 나이 열일곱이었을 때

소나기 아프게 쏟아지는 날 미련 없이 죽겠다고
시원스레 가슴 쓸어 내며
날 몰라주는 그대 미울 때

눈 내리는 깊은 밤 소복한 눈 속에 파묻혀 죽겠다고
홑이불 차갑게 사각
삶이 퍽퍽한 날에

자두

소나기 한 무리 지나갔다
소녀 둘이서 배드민턴을 치고 있다
비릿한 뙤약볕

두 볼 차츰
붉다 못해 검게 물든다

풋내 같은
리어카의 자두 향, 네트 넘어
건너갔다 건너오고

셔틀콕 따라 무지개가 걸린 7월
까르르 웃음꽃 핀다

쓰윽 옷소매에 문질러 한입 깨물고 싶은
자두

바다와 매화

봄 바다에
매화 꽃잎 떨어져 내린다
바람이 분다
너는 지금 내게서 멀어지고 있다

매달리고 싶은,
너에 취해 비틀거리고 싶은 나를 두고
안타깝게 멀어진다
한 잎 두 잎 매화 꽃잎
소금기 묻어있는 바람에 흩날린다

날리는 꽃잎에 그저
눈빛을 얹어 주며 바라나 볼 뿐
나는 아무런 말도 할 수 없다
이별의 이유가 저 꽃바람 때문이라면
갈기를 날리며 부서지는 파도는
내 속울음이다

〉

기진한 바다에 투신하는 매화,

고요한 나를 바람이 가만두지 않는다

열한 번째 또 봄

아카시꽃

날리는 꽃잎에 눈 뜨지 못해 자주 넘어졌습니다

풀풀 꽃향기 날리던 날, 마주 보지 못하고 고개만 숙였습니다

단내나는 소문에 걸려 자주 마음 덧나곤 했었습니다

귀향길 때때로 풍문 나돌았습니다

말이 되지 못했던 말 생각나, 동구 밖에서 자주 젖었더랬습니다

추억을 가둔 사람은 울 일이 많다는 말 믿지 않을 수 없었습니다

가물가물 등을 떠밉니다 돌아갈 수 없어 가슴만 저릿합니다

|해설|

기억의 현상학現象學적 고찰

—진채란의 시세계

안성덕 | 시인

영국의 철학자 허버트 스펜서는 "인간은 삶이 두려워 사회를 만들고 죽음이 두려워서 종교를 만들었다"고 했다. 수렵 채집의 시대, 맹수가 두려웠고 혼자서는 감당할 수 없는 적이 무서웠을 것이다. 필연적으로 모여 살 수밖에 없었을 것이다. 모여 살며 자신을 지켰을 터다. 적을 향해 돌을 던지고, 도끼를 들고, 활을 쏘아 제 삶을 지켜냈을 터다.

수렵 채집으로 근근이 연명하던 삶이, 집단을 이뤄 힘과 지혜를 모아 더 많은 소출을 이뤄냈다. 과학의 힘을 빌려 더 많은 것들을 얻을 수 있었다. 증기를 이용해 방적기를

돌렸다. 전기가 발명되고, 포드 자동차가 처음 개발한 컨베이어 벨트를 사용한 포디즘Fordism으로 대규모 공장에서 대량 생산이 가능해졌다. 일괄작업 조립라인으로 생산성이 크게 향상되어 물질적 풍요를 누리게 되었다. 디지털 기술과 정보통신 기술의 획기적 발전은 인류의 삶에 혁신적인 변화를 가져왔다. 인공지능 등 제4차 산업혁명이 진행 중이다. 인류는 수차례 산업혁명으로 물질적 풍요를 얻었으나 아이러니하게도 삶은 더 팍팍해졌다. 단순히 허기만 면하면 되었던 옛날에 비해 이젠 상대적으로 배가 불러야 하고, 비교 우위의 풍요를 누려야 만족한다.

집단을 이루기 전 인간 삶의 위험요소들이 지극히 개인적이었다면, 산업화 이후의 우리 삶을 옥죄는 요소들은 사회적인 것이 되었다. 어디 사회 시스템뿐이랴, 구성원들과도 겨루고 다투어야 한다. 내 안의 나와도 수시로 다투고 대립해야 하는 복잡한 삶이 되었다. 제4차 산업혁명이 진행 중인 오늘날 우리 삶은 기계와도 다투어야 한다. 이미 곳곳에서 인간을, 인간의 고유 영역을 기계와 인공지능이 대신하고 있다. 문명이 고도화될수록 우리의 삶은 더 압박당할 것이 분명하다.

세상이 어지럽다. 삶이 두렵다. 세상의 변화 속도를 따라

갈 수 없으니 필연적으로 멀미가 난다. 멀미란 두 개체 간의 속도 차 아니랴. 눈 질끈 감고, 밤낮없이 내달려도 뒤처진다. 삶이, 삶의 양식이 다양해 졌다. 세상에 길이 많아졌다. "이 길일까 저 길일까" "천 리일까 만 리일까/아무리 치켜떠도 눈앞 캄캄하다".(「민들레」). 길 위에서 길을 잃기 다반사다.

1. 반추反芻

사슴·낙타·소·양 등은 상대적으로 힘이 약한 초식동물이다. 대부분 반추동물은 위가 4개다. 사자·표범·하이에나, 강자들이 득실거리는 초원에서 잽싸게 풀을 먹어 첫 번째 위에 저장하고, 안전한 장소에 돌아간 뒤 토해내어 다시 씹는다. 되새김은 포식자에게 노출되지 않기 위함이다. 강자의 틈바구니에서 약자가 살아가는 방식이다. 오늘날 우리가 사는 세상은 밀림이나 매한가지다. 약육강식이다. 만만한 자로 낙인찍히면 평생 그 족쇄를 벗어날 날 수 없다. 가족보다 오히려 함께하는 시간이 많은 직장 동료들의 눈치를 끊임없이 살펴야 살아남는다. 남보다 먼저 출근하고 늦게 퇴근하며 전전긍긍한다. 살아남으려고 밀려나지 않으려고 발버둥 친다. 강자들 앞에서 죽은 듯 웅크려 있다가 돌아와 한잔 술로 나를 달랜다. "고행 같은 시간 체머리 흔들"(「그림자를 지우다」)며 몰아대는 세상과 세월에서 벗어난다.

감나무 그림자처럼
등이 굽어 있다

다섯 살에 땡감으로 가버리고
일곱 살에 벌레 먹어 떨어지고
가슴속 응어리 피고 진다

뒤란 그늘 아래 빠꿈사리하던
아이들을 줍는다
사금파리처럼 감꽃
시퍼렇게 반짝인다

세월 가고 없어도
감꽃 주워 실에 꿸 자식 없어도
별인 듯 감꽃 피고진다

땡감 먹은 듯, 등 굽은 오목가슴이
평생 갑갑했다

—「감꽃」 전문

철공소 직원이 망치로 두들기듯 가슴이 울리고 아파
내가 버릴 수 있는 것이라곤 혓바늘 돋은 기억뿐,
자꾸만 헛기침이 돌았지

—중략

가자 채송화처럼 우리가 웃었던 그곳으로
그것 네 탓 아니니까
참으로 오랫동안 혼란스럽게 마음 다 젖었지
세월의 가파름은 이해할 수 없는 일들을 사라지게 했고
천금 기억을 남겨두었지

—「익숙한 바람 앞에서」 부분

"다섯 살에 땡감으로 가버리고/일곱 살에 벌레 먹어 떨어지고/가슴속 응어리 피고 진다". 고슴도치도 제 새끼 귀한 줄 안다고 하지 않은가. 세상천지에 제 자식보다 귀한 것이 어디 있겠는가. 「감꽃」, 젊었던 엄마는 이제 감나무 그림자처럼 등이 굽어 세월의 뒤안길에서 살아온 아니 살아낸 세월을 되새긴다. "뒤란 그늘 아래 빠꿈사리하던/아이들을 줍는다". 그녀 가슴에 "사금파리처럼 감꽃/시퍼렇게 반짝인다". 반짝이는 건 아마도 한이요 눈물이겠다. 굽은 등이 감싸 안고 있는 "오목가슴이" "땡감 먹은 듯" "평생 갑갑했"을 것이다. 어린 자식을 둘이나 가슴에 묻은 세상이, 세월이 어찌 원망스럽지 않았겠는가. 허겁지겁 살아내고 이제와 삶의 뒤란에서 되새긴다. 세상과 세월의 화살을 받아낸 등이 방패처럼 굽어 있다. "망치로 두들기듯 가슴이 울리고 아파" "버릴 수 있는 것이라곤 혓바늘 돋은 기억뿐"이었을 것이다. 할 수 있는 거라곤 그 순간을 납작 엎드려 피하는 것뿐이었겠다. 한 마리 소가 되어 속으로 "차게 울었"을 터다. 자식들을 데려간 세상과 세월이 두렵고 무서워 피했으나, 이제 와 곰곰 되씹어 보니 "감꽃 주워 실에 꿰"던 잠깐의 인연도 소중하다. "낡은 사진첩을 꺼내" 가팔랐던 세상과 세월 돌이켜 보니 "천금 기억" 아닌 게 없다.

바람 불어와
너 찾아가는 길 그만두었다
은목서 꽃향기 스며 대문 닫아걸었다

미래를 생각했다
마당에 향기 환해, 잠깐이나마
입꼬리 올리는데
울음이 안에 있음을 말했다

밤늦도록 혼자 옛이야기 했다
누가 속고 누가 속였는지,
두 발로 버팅기던 세월이
수그린 어깨에 체념인 듯 내려앉는다

과거에서 미래로 옮겨진 것이다

아직도 내 마음은 보이지 않는다
그날 피었던 은목서 꽃
오늘 또 피었다

—「은목서 꽃 피었다」 전문

여러 번 피고 지는 동안 비겁하게 낡았다 혼자 들른 국밥집에 헐겁게 앉았다 북적이며 호통치던 시절도 그도 이미 어디론가 흘러가 버렸다 오후 세 시 침침한 골목이 무료했다 뜨겁고 맵기만 하던 국물이 시원하고 얼큰했다 땀이라 우기고 싶은 눈물이 왈칵, 솟았다

—「콩나물국밥」 부분

철학자 헤라클레이토스는 "우리는 같은 강물에 두 번 발을 담글 수 없다"고 했지만, 모르고 지나온 아니 알면서 피해온 그 시절을 되새김질한다. 그 강한 향이 만 리까지 퍼진다는 은목서 만리향萬里香이 피었다. 향기로운 담황색 은목서 꽃이 피었는데, "너 찾아가는 길 그만두었다", "대문 닫아걸었다". 아직 나를 표현할 수 없는 내가 나를 피하는 방식이었다. 네 생각에 "마당에 향기 환해, 잠깐이나마/입꼬리 올리"다가도 그만 꼬리 내리곤 했다. "두 발로 버팅기던 세월이/수그린 어깨에 체념인 듯 내려앉는" 이제야 알 것 같다. "그날 피었던 은목서 꽃" 향기 오늘에야 안심하고 맡는다. 그렇게 은목서 꽃이, 청춘이 "피고 지는 동안" "비

겁하게 낡"아 너에 끌려 들르던 콩나물국밥집에 홀로 앉았다. "뜨겁고 맵기만 하던 국물이 시원하고 얼큰"하다. 느긋한 "오후 세 시", "눈물이 왈칵 솟"는다.

2. 쉼

휴식은 노동 후에 온다. 노동이 전제되지 않는 쉼은 휴식이 아니다. 그리스 철학자 안티스테네스도 "노동 이전의 그것은 휴식이 아니다"고 했다. 이 눈치 저 눈치 세상과 세월, 심지어 내가 내 눈치를 살피며 눈코 뜰 새 없이 살다가 잠시 짬이 난다. 아니 짬을 낸다. 흑백사진 속 추억을 꺼내 본다. 이제는 가물가물 희미하건만 마음이 먼저 울컥한다. 차곡차곡 가슴 저 밑바닥에 쌓아두었던 기억들을 꺼내, 잊지 못했던 잊을 수 없는 추억을 만난다. 자동차로 빠르게 지나치면서는 세상을 제대로 보기 어렵다. 어느 구비에 꽃이 피고 어느 숲속에서 새가 우는지 알아차릴 수 없었다. 속도가 눈을 가렸기 때문이다. 궂은날을 핑계로 느긋이 주저앉아 옛일을, 옛날을 더듬는다. 엎어진 김에 쉬어간다. 오래된 앨범 속 바랜 사진 한 장에서, 시절 한 컷에서 오늘을 버티는 힘을 얻는다. 사진이 흐릿할수록 추억은 또렷해진다. 이제는 돌아갈 수 없는 기억들에 그리움이 묻어있다.

경사진 언덕바지

햇볕 좋은 골목이 있었다

그 언덕 왼쪽 자락에 핀
보라 제비꽃을 좋아하던 옛 소녀
누굴 찾는 걸까,
골목 어귀를 서성인다

그날 불었던 서풍이
소녀의 볼을 물들였을 석양이
뭇별 쏟아지던 밤이
어디론가 가고 없다

이미 시들어버린 제비꽃,
서성거리던 소녀 말없이 돌아선다
골목을 빠져나간 것들은 다시
돌아오지 않는다

—「서학동」 전문

오늘은 비록 이렇게 비가 내리고 길이 질퍽거리지만, 그때 "경사진 언덕바지/햇볕 좋은 골목이 있었다". 오늘은 이렇게 먼지 풀풀 거리지만 "그 언덕 왼쪽 자락에 핀/보라 제비꽃을 좋아하던 옛 소녀"가 "골목 어귀를 서성"거리던 시절이 있었다. 봄이었다, 지금은 푸석푸석 시들어간다지만 화

양연화의 시절 분명히 있었다. 이젠 "그날 불었던 서풍이/소녀의 볼을 물들였을 석양이/뭇별 쏟아지던 밤이/어디론가 가고 없"지만 그런 시절이 존재했었다는 추억만으로도 충분하다. "골목을 빠져나간", 이제는 돌아올 수 없는 것들이기에 더욱 소중하다. 쓸려 간 그날들이 그 순간들이 어딘가에 습자지처럼 차곡차곡 쌓여있을 것만 같다. 서학동 골목을 "서성거리던 소녀"가 말없이 돌아선다. "지지직거리며 훌쩍거"(「소낙눈」)리다가 돌아서는 나이든 소녀의 입가에 번지는 건 회한 아니라 미소다. 한발 두발 옮겨 딛는 발걸음이 가뿐하다.

한바탕 소나기 쏟아지고
투명한 하늘이 안긴다

가슴에 안긴 하늘이 금세 달아난다

그날 포플러 아래
알폰소 도데의 별을 보물처럼 끼고 섰던 소년
귓불까지 빨개지며 달아났다

뭉게구름 내려와 백합꽃으로 피어오르던 시절
어디선가 갑자기 다듬이질 소리 났다
〉

소년은 어디로 갔니,
소녀는 어디로 갔나,

소나기 그치고 다시 또 땡볕

—「백합 피던 여름」 전문

잔기침했던 아주 오래전
지금도 눈물 나게 하는 그 시절

버짐 핀 얼굴로 서향나무
천리향이 피어있다 날 위한 몸짓으로
목쉰 그 시절처럼

—「서향나무 몸짓에 눈물이」 부분

"한바탕 소나기 쏟아지"던 세월과 세상을 건너왔다. "투명한 하늘이 안긴다". 이제 곧 저 하늘 한편에 무지개가 걸릴 터다. 세상이 너무 밝아 초롱하게 반짝이던 하늘에 그 많던 별이 사라져버렸지만, 홍체를 조절 못 한 내가 너무 밝아 이젠 볼 수 없지만, "알폰소 도데의 별을 보물처럼 끼고 섰던 소년"이 추억 속에 서 있다. "귓불까지 빨개지며 달아났"던 그가 분명하나. "잔기침했던 아주 오래전/지금도 눈물 나게 하는 그 시절"이 나를 울린다. 아니 오늘을 버티게 한다. 나를 쉬게 한다. 바락바락 세상에 세월에 대드

느라 목이 쉬었었지만, "유리창처럼 투명"(「소낙눈」)하던 시절이었다. 눈을 감고 기억하는 그리운 세월과 세상은 다 추억이 된다. 그 아련하고 빛바랜 흑백사진 한 장으로 우리는 또 먼 길을 갈 힘을 얻는다. "장맛비" 축축한 날들이지만 처서 지난 듯 "홑이불 사각사각"(「그랬었지요」) 고슬고슬해진다.

3. 좌표 확인

나는 누가인가? 여기는 어디인가? 내가 나를 모르니, 여기가 어딘지 모르니 어느 쪽이 내 갈 길인지 모르겠다. 아무리 잘못 든 길이 지도를 만든다지만, 나 자신을 알아야 한다. 지금 내가 딛고 선 땅의 좌표는 분명해야 한다. 나침반은 고장 난 지 이미 오래다. 바람 거세고 날 흐린데 등대도 꺼져버렸다. 세상이 너무 밝아 그럴 거라고 항변해 보지만 진실은 내 눈이 흐린 탓이겠다. 내 마음이 궂은 탓이겠다. 하늘의 붙박이별 북극성도 찾을 수 없다. 이리 치이고 저리 고꾸라지고 어질어질 내가 누군지도 모르겠다. 어디서 어떻게 굴러왔는지 아리송하다. "날리는 꽃잎에 눈뜨지 못해 자주 넘어졌"다. 세상과 세월 "마주 보지 못하고 고개만 숙였"(「아카시꽃」)다. 발밑이 진창인 여기는 대체 어디란 말인가? 국경을 넘은 멕시코 불법 이민자들처럼 "돈데 보이는데 보여", 대체 나는 어디로 가야 한단 말인가.

또 하루 그대가 지워지고 있다
오래된 습관처럼
풀이 죽어 있던 하늘이 후드득 소리도 없이
눈발을 뿌린다
저 혼자 돌고 있는 LP 음반처럼
지지직거리며 훌쩍거린다
파랗게 내려가는 수은주

눈보라에 자꾸만 뭉쳐지는 마음 쓸어내리며
덧나고 있다
내가 살아있음일까, 그저 그립다
유리창처럼 투명한 내 마음이 다 보이는데
시험 감독관처럼 하늘은
왜 질질 짜느냐 버럭 화를 내고 있다
푹푹 소낙눈

—「소낙눈」 전문

폭염에 세상이 녹아내린 간밤 꿈속
속옷 차림으로 배회한 것 같은데 도무지
기억이 없다

현관 비밀번호가 가물거린다

고향 집 사루비아는 아직도 피어있을까,
번호표는 너무 멀고
물기 없는 눈은 절망한다

내일은 비가 올 것이다
개미가 줄지어 이사 가고 있는 걸 보았다
번호표는 여전히 멀고
어찌 가나 고향

—「줄을 서서」 부분

"또 하루" 세상이 "지워지고 있다/오래된 습관처럼/풀이 죽어 있던 하늘이 후드득 소리도 없이/눈발을 뿌린다". "저 혼자 돌고 있는 LP 음반처럼/지지직거리며 훌쩍거"려 봐도 세상은 오리무중이다. 아니다, 오리무중 아니라 "유리창처럼 투명한 내 마음"을 훤히 들여다보며 "시험 감독관처럼 하늘은/왜 질질 짜느냐 버럭 화를 내고 있다" 하늘도 내 편이 아니다. 믿을 건 내 두 발뿐이다. 비록 아둔하지만, 뿌옇게 백내장 낀 내 눈뿐이다. 아직도 밤마다 꿈속에서 "속옷 차림으로 배회한다" "현관 비밀번호가 가물거린다". 악몽에 시달린다. "번호표는 여전히 멀고" 대기 줄은 까마득하다. "개미가 줄지어 이사 가는" 걸 보니 분명 "내일은 비가 올 것이다" 오랜 장마가 끝나야 할 텐데, "바람도 없이 끈적거"린다. "선풍기처럼 둘레둘레"(「장마」) 살피는 세상엔 여우볕도 안 난다. 세상이 세월이 억지로 꿇린 내 무릎 탓이다. "지난여름 태풍에 쓰러져 잘려나간/동구 밖 둥구나무 둥치처럼" "없는 잘못을"(「무릎」) 빌어 보지만 도대체 어둡다.

뒷걸음치는 햇살
헛기침하며 바람과 마주 앉는다

강아지풀 바랭이 동방사니 비름
온종일 뽑고 뽑았다
끊어질 듯 허리가 아파
쉬다 뽑다 뽑다 쉬다 자주 하늘을 올려 봤다
뽑힌 풀이 우북하다
뽑힌 자리, 며칠 지나지 않아 또
나를 뒤덮을 것이다

굳은 허리를 일으키며
흙 묻은 손 탁탁 털며 안다
무겁게 흔들리는 시간,
아픔이 쌓이기만 하지 않을 거라는 것

저물녘
세상이 환해진다 뽑힌 풀잎 냄새가 향기롭다
상처에서 향내 난다

—「흙 묻은 손을 털며」 전문

"뒷걸음치는 햇살/헛기침하며 바람과 마주 앉"아 "강아지풀 바랭이 동방사니 비름/온종일 뽑고 뽑"는다. 시지푸스의 바위처럼 밀어 올려도 자꾸만 굴러내린다. "뽑힌 풀이 우북하다". "끊어질 듯 허리가 아"프지만 "쉬다 뽑다 뽑다 쉬다 자주 하늘을 올려" 볼 따름이다. "뽑힌 자리, 며칠 지나지 않아 또/나를 뒤덮을 것이"고 "굳은 허리를 일으"킬 것이다. 그러나 "흙 묻은 손 탁탁 털며" 나는 "무겁게 흔들리는 시간,/아픔이 쌓이기만 하지 않을 거라는 것"을 비로소 안다. 분망했던 하루가 제자리로 돌아간다. "저물녘/세상이 환해진다". 온갖 것 다 보이도록 세상에 맞춰 내 눈의 홍체를 조절한다. 잡초라고 뽑고 또 "뽑힌 풀잎 냄새가 향기롭다". "꽃샘바람 시새워 부는 걸 보면" 이제 "꽃이 피려나 보다". "등줄기에 땀이 스멀스멀 베어든다"(「예감」). 숨어들 곳 없는 초원에 한 마리 가젤인 나 오늘도 겁먹은 눈 두리번거리며 풀을 뜯는다.

25시의 작가 루마니아의 콘스탄틴 비르질 게오르규는 시인은 잠수함 속 토끼 같은 존재여야 한다고 했다. 토끼가 감지한 산소 농도가 승조원들에게 위험을 알리듯, 시인은 삶의 위험을 세상에 알려야 한다는 뜻이겠다. 시가 읽히지 않는 시대라지만 인류와 함께 시는 영원히 존재할 것이다.

시인도 그럴 것이다. 끝까지 남아서, 얄팍한 감성이나 자극하고 적당히 추억이나 소환하지 말고 모순투성이인 우리 삶의 이면도 들여다봐야 할 것이다.

인간은 척박한 환경에서도 살아남을 수 있도록 특화되어 있다. 현생인류의 진화과정에서 새겨진 유전인자이리라. 경쟁이 치열해지고, 외부의 압박과 스트레스가 강해지면 대처하는 방법도 다양해진다. 불과 20만 년 전에 생겨난 호모 사피엔스가 온갖 환경의 위험으로부터, 더 명석하고 강한 종들을 물리치고 지구상에 살아남았지 않은가. 밀림에서 살아남기 위한 초식동물의 되새김을 기억해야 한다. 조바심치며 풀을 뜯은 소가 안전한 장소에 와 되새김하듯, 우리도 밀림의 법칙이 존재하는 삶의 현장에서 지난날을 되새기며 버텨야 한다. 흑백사진 들춰보며 오늘을 안심해야 한다. 어제는 단순히 지나가 버린 과거로 끝나지 않는다. 어제 속에 오늘과 내일의 좌표가 있다. 과거에서 미래로 가는 길을 찾아내야 한다.

진채란 시인은 2017년 ≪지구문학≫으로 등단했다. 첫 시집을 묶는다. 진채란 시인은 재촉하지 않았다. 지나버린, 이제는 희미한 삶의 등속에서 세상을 건널 방법을 찾고 있었다. 가물가물 희미한 어제를 등대 삼아 나침반도 없고 붙박

이별도 숨어버린 칠흑 같은 한밤중에 길을 찾고 있었다. 제 길만 찾는 게 아니라, 스스로 만든 사회의 포로가 되어버린 현대인들, 아이러니하게도 문명이 고도화될수록 팍팍한 삶들에게 먼 길 함께 가자고 앞장선다. 진채란 시인이 든 등불을 따라 발자국을 디딜 고단한 삶들이 평안해질 것을 믿는다.

과거의 사물에 대한 것이나 지식 따위를 머릿속에 새겨두거나 보존하여 되살려 생각해 내는 일이 기억의 사전적 의미다. 기억을 되살려 어제를 위로하고 오늘을 견디며 또 내일을 설정하는 진채란 시인이, 어둠 속에 우물우물 되새김질하는 눈이 큰 순하디순한 짐승과 자꾸만 겹쳐 보인다. 시인이란 우리 사는 세상이, 우리 사는 세월이 언제나 밝고 희망적이지만은 않다는 사실을 까발리는 임무를 부여받은 자들이다. 껌벅껌벅, 우물우물 지난날을 되새기는 진채란 시인의 눈이 웅숭깊다.